A LA MÉMOIRE

d'Adolphe FRANCK

DISCOURS & ARTICLES

PARIS

IMPRIMERIE J. MONTORIER

16, PASSAGE DES PETITES-ÉCURIES, 16

1893

A LA MÉMOIRE

d'Adolphe FRANCK

DISCOURS & ARTICLES

PARIS

IMPRIMERIE J. MONTORIER

16, PASSAGE DES PETITES-ÉCURIES, 16

1893

A LA MÉMOIRE

D'ADOLPHE FRANCK

———————

DISCOURS ET ARTICLES

———————

Discours de M. Zadoc Kahn

GRAND-RABBIN DE FRANCE

————

MESSIEURS,

Comme beaucoup de ceux qui assistent, le cœur attristé, à ces imposantes funérailles, ou qui sont présents par la pensée et la vivacité de leurs regrets, je perds en M. Adolphe Franck un maître vénéré, dont les conseils m'ont éclairé et guidé, dont l'enseignement a été pour quelque chose dans le développement de mon esprit, et un ami bien cher, dont la bienveillance m'a encouragé, dont la sympathie persévérante a été pour moi un soutien, une force et un sujet de fierté. Cependant, si je n'avais que ces motifs personnels pour prendre la parole devant cette tombe fraîchement ouverte, je me serais résigné, quoiqu'à regret, à garder le silence; car il n'est pas possible que tous les disciples d'Adolphe Franck, nourris de ses leçons, que tous les amis, qui l'entouraient de leur affection, traduisent ici publiquement leurs sentiments, leur sincère et profond chagrin.

Mais j'ai l'honneur de représenter le judaïsme français, et, comme tel, je croirais manquer à un devoir sacré et commettre un acte d'ingratitude, si je ne venais déposer sur ce cercueil l'hommage de notre vénération, de notre reconnaissance et de nos regrets. Adolphe Franck appartenait au judaïsme par sa naissance, par son éducation première, par les impressions si profondes et si durables de la maison paternelle, par ces mille liens, invisibles mais puissants, que crée entre les âmes la communauté des croyances, des épreuves, des souvenirs et des espérances; mais il lui appartenait plus encore par les services éminents qu'il nous a rendus au cours de sa longue et féconde carrière

Pendant nombre d'années, il a été membre, puis vice-président du Consistoire central des Israélites de France, et il a apporté à cette administration supérieure de notre culte un concours précieux par sa connaissance intime du judaïsme, de son histoire, de ses tendances et de ses aspirations, par son amour du progrès et sa passion pour le bien. Pendant de longues années aussi, il a siégé, au nom du culte israélite, au Conseil supérieur de l'Instruction publique, et ses anciens collègues savent quelle place distinguée il avait conquise dans ce corps d'élite, grâce à sa science si étendue et si sûre, à l'élévation de son esprit, à la finesse pénétrante de son jugement, et à sa politesse exquise qui

donnait à son commerce un charme incomparable.
Dès le premier jour, il a accepté le titre de membre
de la Société des études juives; il y a occupé le
fauteuil de la présidence aussi longtemps que le
permettaient nos statuts, et nous n'oublierons jamais qu'il fut, en quelque sorte, le parrain de notre
Société naissante, que ses encouragements et ses
éloges furent notre meilleure recommandation au-
près du monde savant, que ses conseils, dictés par
une expérience consommée, ont contribué à nos
succès. Chaque fois que nous avions besoin d'une
parole autorisée et aimée pour attirer nos adhé-
rents et accroître l'intérêt de nos Assemblées générales, nous faisions appel à sa bonne volonté,
et il ne refusait jamais, malgré son âge avancé, de
nous donner le régal d'un de ces entretiens délicieux,
dont il avait le secret, où il développait, avec un
rare bonheur d'expressions et une élégance soute-
nue, qui n'excluait pas les mouvements d'éloquence,
les hautes vérités du judaïsme, et montrait la place
qui lui appartient dans l'histoire de la pensée humaine.

Il fut aussi l'ami éclairé, le protecteur dévoué du
séminaire israélite. A partir du jour où cet établis-
sement eut été transféré à Paris, nous avions souvent
le bonheur de le voir au milieu de nous. Aux maîtres comme aux élèves, il prodiguait les conseils de
sa sagesse. Le professeur illustre devant qui j'ai
l'honneur de parler se rappellera comme moi avec
quel empressement et quelle compétence il venait
présider à nos examens, avec quelle autorité et quel
éclat il découvrait, devant les futurs ministres de la
religion, les horizons de la pensée et les rendait

attentifs à la sainteté de leur mission et à la grandeur de leurs devoirs.

Adolphe Franck n'a pas donné seulement au judaïsme son concours personnel, sous tant de formes diverses. Il l'a grandement servi en répandant de vives clartés sur le développement progressif de son dogme, sur l'histoire de ses principaux penseurs et surtout sur cette doctrine abstruse et peu accessible aux non initiés qu'on nomme la *cabbale;* il l'a servi, je ne crains pas de l'ajouter, par son enseignement tout entier, par l'ensemble imposant de ses écrits et par l'honneur de sa vie si belle et si noblement remplie.

Lorsqu'il défendait, avec l'ardeur que l'on connaît, avec toute l'énergie d'une conviction inébranlable, les principes de l'école spiritualiste française, la personnalité de Dieu, le gouvernement de la Providence, la liberté morale, la sainteté du devoir, les droits de la conscience et la fraternité des hommes, c'est l'esprit même du judaïsme, l'esprit de la Bible dont il se faisait l'éloquent interprète. Lorsqu'il mettait en lumière les fondements et les conditions primordiales du droit public, les lois éternelles de la justice sociale, il était comme l'écho lointain des prophètes d'Israël. Lorsque, fidèle à son titre de président de la Ligue de la Paix et plus tard au titre, qui fut comme le couronnement de sa carrière, de président de la Ligue contre l'athéisme, il invitait les peuples à se pénétrer de leur origine commune, à se connaître les uns les autres pour mieux s'aimer, à supprimer toutes les causes de désunion qui sont le plus souvent de tristes malentendus, à établir enfin sur la terre le règne de la

paix et de la concorde, il parlait comme un vrai
disciple d'Isaïe ou d'Amos, de tous ces nobles tri-
buns de la Judée qui ont la gloire d'avoir, les premiers, fait briller aux yeux de l'humanité un idéal
de justice et d'amour, idéal qui n'a pas encore été
atteint, mais qui, aux heures troublées de l'histoire,
apparaît comme une lumière au sein des ténèbres,
et apporte une consolation et une espérance aux
âmes attristées.

Chose remarquable! Ce philosophe, ce penseur,
si ferme dans ses croyances, si attaché à ses idées,
adversaire résolu et infatigable de tous les systèmes
où il voyait une menace pour la dignité de l'âme
humaine et pour l'ordre dans la société, était un
homme de paix et de conciliation. Il combattait
sans ménagement les théories qui lui paraissaient
fausses et dangereuses, mais il respectait la personne de ses contradicteurs. Qui ne sait avec
quelle haute impartialité et quelle sincère déférence
il parlait, par exemple, du christianisme et du rôle
providentiel qu'il a rempli dans l'humanité? Aussi
a-t-il cruellement souffert dans ces dernières années,
lui qui aimait avant tout la justice et la vérité, des
odieuses polémiques que certains esprits arriérés,
revenants d'un âge disparu, ont cru devoir inau-
gurer, à la fin du xixᵉ siècle, dans le but de jeter le
discrédit sur toute une catégorie de citoyens français. Il prenait la plume et la parole pour repousser
d'injustes attaques. Il le faisait, non avec aigreur et
colère, mais avec la sérénité d'un sage, étranger à
toute passion haineuse, uniquement soucieux des
droits de la vérité; il le faisait comme juif, car
l'honneur de son culte lui était cher, il le faisait

surtout comme Français, car la patrie française lui
tenait à cœur plus que tout le reste.

Messieurs, il est facile de se rendre compte de ce
que devait être la vie d'un tel homme : chez Franck
vivre et penser furent une seule et même chose. Il
n'avait qu'une passion : celle de la vérité. A elle il
s'est donné tout entier, et dès sa première jeunesse.
Pour la découvrir et la propager, il a consumé les
heures de la journée et ses longues veillées. Aussi
son existence est-elle comme un monument de sagesse, de dignité et de noble activité. Il rappelle
ces sages des anciens temps. ces rudes travailleurs
qui, presque étrangers aux choses de ce monde,
infiniment au-dessus des calculs mesquins et des
considérations d'intérêt, vivaient en communion
constante avec la divinité et les hautes vérités qui
en sont la plus éclatante révélation.

Cependant, la spéculation ne faisait pas tort chez
lui à l'action. Il était le premier à mettre en pratique ce qu'il enseignait si bien. Il a parlé admirablement de la famille, de ses joies et de ses devoirs,
et il a joint l'exemple au précepte. Sa vie de famille
était une des plus aimables qui se puissent ima-
giner, son intérieur était un modèle d'union, de
paix, de tendre affection et de douce entente. Dieu,
Messieurs, lui avait accordé le bonheur, trop tôt
disparu, hélas! de voir associée à ses destinées une
femme tout à fait supérieure, qui a laissé un souvenir impérissable dans le cœur de tous ceux qui
l'ont connue. Elle partie, mais sans que son image
chérie pâlît jamais, le foyer de la famille ne fut pas
détruit pour cela; car autour de lui se groupèrent
ses enfants, à qui il avait communiqué le meilleur

de lui-même et appris à aimer, à son exemple, ce qui grandit l'esprit et embellit l'existence. Il vivait ainsi dans une atmosphère de tendresse, de respect et de sérénité, soutenu, consolé, fortifié par ces affections vigilantes qui répandirent tant de douceur sur ses vieux jours, ne cessant de produire, émerveillant ses amis par sa puissance de travail et la jeunesse de l'esprit. Sa maison hospitalière s'ouvrait, en effet, largement à des amis nombreux, fidèles et dévoués, qui se plaisaient dans sa société et recherchaient sa conversation vive, animée, intarissable, pleine des souvenirs d'un passé qu'il évoquait avec un plaisir toujours nouveau. On sortait de ces entretiens meilleur et plus instruit.

Messieurs, Adolphe Franck a été véritablement béni par la Providence. Il a accompli toute sa tâche, il a eu le temps d'édifier une œuvre considérable, qui fait honneur à son activité ainsi qu'à l'esprit français. Ses idées ont suscité des contradictions, mais il leur est resté fidèle jusqu'au dernier jour, et il a eu la joie de voir la faveur publique leur revenir. Enfin, il s'est endormi, au soir de la vie, d'un sommeil paisible, pareil à un ouvrier consciencieux qui a fourni tout son labeur. A lui s'appliquent à merveille ces paroles de l'orateur sacré : אמרו צריק כי טוב כי פרי מעלליו יאכלו. « Annoncez à l'homme de bien, au sage, qu'il sera heureux, car il jouira du fruit de ses œuvres. »

Adieu, vénéré maître, adieu, cher ami! Vous vivrez dans le cœur de vos enfants et de vos proches, vous aurez une place éminente dans le souvenir de vos amis. La France, que vous avez servie de toute la puissance d'un amour infini, ne vous oubliera pas, le judaïsme, dont vous avez été un enfant glorieux, inscrira votre nom à côté de ceux de Philon, de Maïmonide, de Gabirol, dont vous avez si bien retracé la vie et exposé les doctrines. Vous avez eu foi dans les promesses de votre religion et de votre philosophie; vous avez cru à la persistance de l'homme au delà de la tombe, aux espérances suprêmes de l'immortalité. Votre attente ne sera pas trompée, vous êtes entré dans le royaume de la lumière et de la vérité, et il vous est donné maintenant de contempler Dieu face à face, תהא נפשך צרורה בצרור החיים, « votre âme, délivrée de ses liens corporels, séjournera dans le monde de la vie, de la paix et du bonheur parfait. » *Amen.*

Discours de M. Léon de Rosny

Pardonnez-moi, Messieurs, si pour me conformer au désir qui m'a été exprimé par la famille de l'illustre défunt, je viens ajouter quelques mots aux paroles éloquentes que vous venez d'entendre et qui nous ont si bien retracé la vie du savant et du penseur, dont la France déplore la perte aujourd'hui.

C'est au nom de la Société d'ethnographie de Paris, dont M. Franck était cette année le président et qui était inscrit il y a plus d'un tiers de siècle sur la liste des membres de son bureau, que je viens saluer une dernière fois celui qui a été notre maître par sa science et, ce qui est encore beaucoup plus à nos yeux, notre modèle par ses vertus.

C'est, en effet, parce que la doctrine religieuse et philosophique de M. Franck répondait à un sentiment profondément enraciné dans le cœur de la majorité de nos membres, que nous avons voulu placer entre ses mains la direction de nos travaux.

Lorsque M. Franck a été proposé pour la présidence de notre association, nous avons été unanimes à l'acclamer. Je vous demande la permission de vous dire pourquoi : non seulement M. Franck était un déiste résolu ; mais il avait une conviction qui est la nôtre au suprême degré, une conviction sur laquelle aucun de nous ne consent à transiger.

Cette conviction la voici : la valeur d'un homme de science, d'un philosophe, d'un penseur, est en raison directe de la somme des efforts qu'il sait accomplir pour développer de plus en plus dans son âme le besoin de se rectifier sans cesse et d'atteindre jusqu'à l'abnégation.

Maître bien-aimé ! cette conviction, tu la possédais solide, inébranlable, dans ton fort intérieur; tu la faisais accepter à tous par la sainte éloquence de tes enseignements.

Tes collègues, tes disciples, ne te disent pas « adieu », ils ne te disent pas « au revoir » : ils savent que la meilleure partie de toi-même ne les a pas quittés!

En croyant en toi, nous croyons à l'immortalité.

JOURNAL " LES DÉBATS "

Du 12 Avril 1893.

Notre éminent collaborateur M. Adolphe Franck, membre de l'Institut, professeur honoraire au collège de France, est mort hier soir, à l'âge de quatre-vingt-trois ans. C'est en 1857 qu'il entra au *Journal des Débats*. Il était déjà en possession d'une autorité incontestée et d'une solide notoriété. Reçu le premier au concours de l'agrégation de philosophie en 1832, il avait enseigné aux collèges de Douai, de Nancy, de Versailles et au lycée Charlemagne. Il avait été élu, à l'âge de trente-six ans, membre de l'Académie des Sciences morales et politiques, en remplacement d'Edwards : une intéressante *Esquisse d'une histoire de la logique* et une copieuse étude sur *la Kabbale ou Philosophie religieuse des Hébreux* lui avaient valu cette rare distinction. En 1851, il suppléa, dans la chaire de philosophie grecque et latine au collège de France, M. Barthélemy Saint-Hilaire, que la politique avait éloigné de l'enseignement. Puis, il succéda à Walkenaër dans les fonctions de conservateur-adjoint à la Bibliothèque impériale. C'est en 1854 qu'il fut chargé du cours de droit de la nature et des gens au collège de France. Il devint titulaire de cette chaire au mois de janvier 1856, et il y professa pendant plus de trente ans.

Bien que M. Franck ait accepté de siéger au

Conseil supérieur de l'Instructioa publique, et qu'il ait été vice-président du Consistoire israélite, on peut dire qu'il s'est donné tout entier à la philosophie. Son application ininterrompue, qui ressemblait à l'accomplissement d'un vœu de perpétuelle étude, faisait songer à la vie laborieuse des bons et savants docteurs du moyen âge. Son *Histoire de la Philosophie mystique en France à la fin du XVIII*e *siècle* (1866), sa *Morale pour tous* (1868), ses études sur *les Philosophes modernes étrangers et français* (1879), ses *Essais de critique philosophique* (1885) attestent la curiosité très diverse et toujours éveillée de son esprit.

De 1844 à 1852, M. Franck donna ses soins, avec la collaboration d'un certain nombre d'hommes distingués, à la confection d'un *Dictionnaire des sciences philosophiques*. Cet ouvrage, qui se compose de six forts volumes in-8°, est fort important, encore que certaines parties en aient un peu vieilli. C'est une « somme », consacrée par de pieux et brillants disciples, à l'exposition du spiritualisme de M. Cousin. M. Franck procédait, en effet, de l'illustre maître de l'école éclectique. Il resta constamment fidèle à ses origines, et refusa de suivre MM. Ravaisson, Lachelier, Boutroux, dans les belles aventures de leur métaphysique. Avec MM. Emile Saisset, Amédée Jacques, Jules Simon, Francisque Bouillier, Nourrisson, Charles Waddington, Alaux, Ferraz, M. Franck a tâché de préserver contre les atteintes du positivisme les principes défendus avec tant d'éloquence par l'auteur *Du Vrai, du Beau et du Bien*.

Très respectueux de la règle morale, épris de ré-

gularité et d'harmonie, point dilettante, au sens que
notre fin de siècle attribue à ce mot, notre ami
jugeait volontiers les systèmes d'après leur effica-
cité pratique ; il ne pardonnait pas aux doctrines,
même les plus séduisantes, leur inaptitude à régir
les rapports réciproques des hommes et à sauve-
garder les intérêts essentiels de la société. Les questions sociales le passionnèrent de bonne heure, et
finirent par occuper le meilleur de son activité et de
son temps. Il institua une vaste enquête sur *les Réformateurs et Publicistes de l'Europe* et formula ses
opinions personnelles dans trois ouvrages intitulés :
*Philosophie du droit pénal ; — Philosophie du droit
ecclésiastique ; — Philosophie du droit civil.*

M. Franck, doucement obstiné dans ses belles
rêveries (nous ne voulons pas dire dans ses utopies)
de félicité et de moralité universelles, fut souvent
contredit et déçu par la brutalité des faits. L'horrible
guerre de 1870 infligea de cruelles épreuves à ses
désirs de concorde et de paix. D'autre part, les
progrès du socialisme l'inquiétaient vivement. Il ne
se découragea pas. Dès 1849, il avait publié une
généreuse critique du communisme. A la fin de sa
vie, il dirigeait avec une ardeur toute juvénile, une
publication périodique, *la Paix sociale*, où il prê-
chait la tolérance, le respect de soi-même et des
autres, la religion de la liberté. Avec un zèle d'a-
pôtre, zèle ingénu où il n'y avait point d'ostentation
ni de coquetterie, il faisait, dans ses livres, dans sa
chaire, un peu partout, une propagande intrépide
en faveur des idées morales et religieuses dont il
redoutait le déclin et l'éclipse. L'œuvre de la « Ligue

nationale contre l'athéisme » fut une de ses dernières occupations et un de ses plus chers soucis.

Ce philosophe, pour qui la philosophie fut surtout
un ministère de charité morale et de bienfaisance
intellectuelle, a été, dans toute la force du terme,
un homme de bonne volonté. Il s'est reposé tard,
après une rude tâche, comme un bon travailleur
qui fait sa besogne sans bruit et sans trêve jusqu'au
soir. Le bien qu'il a fait ne périra pas, s'il est vrai
qu'il n'est rien de plus durable en notre monde
mobile, qu'un effort sincère pour dire la vérité et
pour hâter la venue de la justice.

Gaston Deschamps.

JOURNAL " LE TEMPS "

Du 13 Avril 1893.

Il faudrait beaucoup de place pour rendre compte
en détail des doctrines de M. Franck, car il a longtemps enseigné et beaucoup écrit; mais il suffit de
deux lignes pour raconter sa vie. Il a vécu quatre-
vingt-trois ans; il a toute sa vie aimé et enseigné la
philosophie.

Il a été nommé professeur en 1832; il a cessé de
l'être en 1886 : cinquante-trois ans après.

Entre ces deux dates, 1832-1886, aucun événe-
ment ne se place; ou plutôt il n'y en a pas d'autre

que le titre des chaires qu'il a occupées et celui des
livres qu'il a publiés.

Il a été successivement professeur de philosophie
à Douai, à Nancy, à Versailles (où il m'a succédé),
au collège Charlemagne à Paris, à la Sorbonne et
au Collège de France.

Il a pris sa retraite officielle en 1886; mais il ne
s'est pas pour cela retiré de la lutte. Il est resté
jusqu'à son dernier jour le zélé et actif président
de la Ligue contre l'athéisme; il publiait, la semaine
dernière, un volume in-8° de 400 pages, intitulé :
*Réformateurs et publicistes de l'Europe au XVIIIe
siècle* : Locke, Vico, Montesquieu, Jean-Jacques
Rousseau.

Il était juif, et, si je ne me trompe, membre dévot
de la communauté. Il était dévot à toutes ses
croyances : à la Lorraine, où il était né; à la religion juive, à la philosophie, et tout spécialement à
la philosophie de Cousin. Jamais il n'a changé de
but et ne s'est détourné de sa voie. C'est un grand
éloge; d'autant plus grand que, de tous nos contemporains, il est seul à le mériter. Ceux qui, comme
moi, ont connu Franck il y a soixante ans, et le
connaissaient encore avant-hier, peuvent rendre
témoignage qu'il n'a jamais changé ni d'opinion ni
de conduite. Son corps avait vieilli; son esprit
n'avait pas changé. Il s'était sans doute fortifié,
cultivé, embelli de connaissances nouvelles; mais
il était toujours resté au même point avec la même
candeur et la même ardeur.

Il lui arriva un jour d'être invité à Compiègne,
comme membre du haut enseignement. Etant invité
à la cour, il s'y rendit sans étonnement et sans em-

pressement. Il y plut par sa bonne foi et sa simpli-
cité. L'impératrice pensa avec raison qu'il n'avait
pas son pareil dans le monde entier. Surtout il
n'avait pas son pareil à Compiègne. Elle voulut
qu'il fût sénateur; l'empereur s'y prêta pour la ra-
reté du fait; le pauvre savant fut inscrit sur une
liste à laquelle les funestes événements de 1870 ne
permirent pas de voir le jour. Il aurait accepté,
sans se douter des conséquences, et peut-être même
que ces conséquences n'auraient pas été pour lui
aussi redoutables que pour un autre. Il serait resté,
jusque sur les bancs du Sénat, fidèle à la philosophie. Il ne regretta pas ces grandeurs qu'il n'avait
fait qu'entrevoir; il avait, en 1871, le cœur trop
plein d'autres regrets. Il parut, par toute sa conduite
depuis l'année terrible, que ce grand ami de la vérité était aussi un grand patriote.

On peut faire trois parts de son enseignement et
de ses écrits.

D'abord, il écrivit la *Kabbale*, une œuvre très
savante, qui éclaire tout un côté de l'histoire du
judaïsme, qui le plaça d'emblée parmi nos premiers
érudits et qui le fit entrer, à trente-cinq ans, dans
notre Académie.

Il publia ensuite le *Dictionnaire des sciences philosophiques*. C'est un long ouvrage, où il eut pour
collaborateurs la plupart des philosophes contemporains, et qu'on peut considérer comme l'exposition la plus complète et la plus fidèle de la doctrine
et de l'histoire de l'école éclectique.

Cousin ne tarda pas à comprendre l'importance
de cette publication; il voulut en prendre la direction; il réunit chez lui périodiquement les collabo-

rateurs ; il désigna à chacun sa tâche, il donna son avis sur les articles. Franck accepta tout avec reconnaissance. Il consentit à s'effacer, non à disparaître. Ces conseils, qui lui étaient un peu donnés comme des ordres, ne furent jamais, en réalité, que des conseils. On lui savait compte de sa vie de travail, de son indépendance notoire, de ses convictions, de sa science très étendue ; et tout le monde comprenait que, s'il consentait à n'être qu'un disciple, c'était un de ces disciples qui sont en même temps des maîtres.

La troisième forme de l'enseignement de Franck est caractérisée par son évolution vers la morale populaire. On peut remarquer que son maître avait suivi les mêmes phases. Il y a loin des anciens cours de la Sorbonne à l'admirable livre *Du Vrai, du Beau et du Bien*, qui n'a plus la prétention d'innover et n'en répand qu'une lumière plus éclatante et plus bienfaisante. Franck, qui avait surtout étudié les mystères de la *Kabbale*, se mit à enseigner la simple et noble philosophie de nos pères ; lui qui avait fait entendre sa voix au Collège de France, il rechercha le commerce des ignorants et des humbles ; de professeur il devint prédicateur.

Il prêcha la sainte morale, la croyance à la spiritualité de l'âme, à son immortalité, la croyance au devoir ; l'amour de l'humanité et de la patrie, l'amour de Dieu. Cette noble croisade fut la force et la consolation de ses derniers jours. Si j'avais à parler sur sa tombe, je ne dirais que ces deux mots : d'autres ont fait plus bruit, personne n'a fait plus de bien.   Jules SIMON.

" LE TEMPS " du 13 avril 1893.

Un nouveau deuil vient de frapper l'Institut. M. Adolphe Franck, de l'Académie des sciences morales et politiques, est mort, hier, en son domicile, rue Ballu, 32, à l'âge de quatre-vingt-trois ans. Il était, après M. Barthélemy Saint-Hilaire, le doyen de cette Académie par rang d'élection : M. Barthélemy Saint-Hilaire y avait remplacé Broussais, en 1839 ; M. Adolphe Franck y recueillit, en 1844, la succession d'Edwards.

Il était né à Liocourt, dans le département de la Meurthe, en 1809. Il fit de brillantes études à Nancy et à Toulouse, fut reçu le premier à l'agrégation de philosophie, à vingt-trois ans, en 1832, occupa d'abord diverses chaires de province, puis vint à Paris, au lycée Charlemagne, huit ans après, en 1840. Chargé, cette même année, d'un cours complémentaire à la Sorbonne, il s'en acquittait avec un grand succès lorsqu'une maladie du larynx le força d'interrompre son enseignement (1843).

M. Franck, qui était, en outre, conservateur adjoint à la Bibliothèque royale, s'en alla en Italie, demander à un climat plus sec et plus égal la guérison d'un mal qui le retenait loin de sa chaire. Quand il en revint, il rapportait le plan de ce *Dictionnaire des sciences philosophiques* qui demeure son principal ouvrage. Il avait pleine autorité pour entreprendre un travail si considérable. Il était entré, l'année précédente, à l'Académie. dont plusieurs volumes, d'une érudition très sûre et d'une rare élévation morale, lui avaient ouvert les portes.

A peu près remis, en 1847, il voulut reprendre ses fonctions à la Sorbonne. Il y inaugura un cours de philosophie sociale, montrant de la sorte la souplesse en même temps que la force de son esprit. Mais il n'y resta que peu de mois, car M. Barthélemy Saint-Hilaire, attiré, au lendemain de la Révolution de Février, par la politique active, lui confia la charge de le suppléer au Collège de France. Pendant trois ans, de 1849 à 1852, M. Adolphe Franck expliqua, devant un nombreux auditoire, les maîtresses œuvres de la philosophie grecque et latine.

Transféré dans une chaire nouvelle, celle du droit de la nature et des gens, il y donna la mesure des qualités qui l'avaient déjà distingué ailleurs. Cette chaire nouvelle, il l'occupa durant plus de trente années, sans que la fatigue se fît jamais sentir, aussi jeune, aussi vaillant, aussi enthousiaste qu'au premier jour. A la vérité, il y professa beaucoup plus une philosophie naturelle qu'une science juridique, beaucoup plus le droit de la nature que le droit des gens.

Même en philosophie, d'autres eurent une doctrine plus personnelle, des idées plus originales; il était, et il s'en vantait, de l'école cousinienne, spiritualiste par-dessus tout. Nul ne mit plus d'ardeur au service du bien, nul plus que lui ne crut en la justice, nul ne se confia plus que lui dans la liberté. Récemment encore, à plus de quatre-vingts ans, il retrouvait, pour parler de certains systèmes contemporains, toute la verdeur, toute la vigueur, toute la fougue d'autrefois. Il fallait le voir alors secouant ses longs cheveux, donnant à sa voix des inflexions graves, penché en avant comme pour piétiner l'adversaire, coupant l'air de son geste sec. On peut dire de lui qu'il est mort en livrant combat au matérialisme et à l'athéisme.

Le Temps publiait, le 4 janvier dernier, le résumé d'une conférence de M. Franck sur l'*Idée de Dieu*. Cette phrase le peint et le contient tout entier : « L'humanité n'est plus qu'une forme de l'animalité si elle n'a rien de divin, d'éternel, si elle ne répond pas à un éternel idéal. » Les convictions spiritualistes de M. Ad. Franck, convictions intransigeantes, l'ont plus d'une fois poussé vers les rêves, conduit jusqu'aux frontières du mysticisme. Il avait publié un livre célèbre sur la *Kabbale et la philosophie religieuse* des Hébreux. Emporté par un penchant secret, il ne refusa pas même d'écrire une préface pour le traité de M. Papus sur la *Science occulte*. Dans cette préface, il formulait sans doute quelques réserves; mais on voyait bien, chimère pour chimère, de quel côté étaient ses préférences. C'était une belle intelligence, de ce genre particulier de beauté auquel s'applique mieux que toute autre l'épithète de *généreuse*...

La liste complète des ouvrages de **M.** Franck serait très longue. Citons, outre le *Dictionnaire des sciences philosophiques, Esquisse d'une histoire de la logique, De la certitude, Études orientales, Philosophie et religion, Philosophie du droit pénal, Philosophie du droit civil, Philosophie du droit religieux* (ou *Des rapports de la religion et de l'Etat*), la *Philosophie mystique en France au XVIII₂*

siècle, *Philosophes modernes français et étrangers,*
Moralistes et philosophes, Essais de critique philo-
sophique, Réformateurs et publicistes de l'Europe,
trois séries : moyen âge et Renaissance, xviie siècle,
xviiie siècle, dont la dernière vient de paraître.

M. Franck était commandeur de la Légion d'honneur et membre du Consistoire israélite de Paris.

JOURNAL " LE SIÈCLE "

Du 15 Avril 1893.

Ce serait m'ériger en patriarche que de me pré-
senter, au sens strict du mot, comme un contem-
porain de M. Franck. Je sortais à peine du lycée
lorsque j'assistai, pour la première fois, à son cours
de philosophie grecque et latine au Collége de
France. C'est vers 1872 que je commençai de le
connaître d'assez près et avec quelque suite dans
nos rapports, tantôt aux Amis de la Paix, dont il
était le président, tantôt à l'Institut ou dans son
intimité familiale. Le laps de temps écoulé me
paraît suffisant pour fournir matière à plus d'un
souvenir, et il me sera facile de remonter plus haut
en me reportant aux conversations ou aux ouvrages
du savant professeur.

Adolphe Franck avait vingt et un ans lorsque
s'inaugura le régime de juillet. L'esprit de cette
époque ou, à mieux dire, de ce mouvement resta

fortement imprimé en lui. Il n'avait certes pas
l'étoffe d'un révolutionnaire, mais sur certains
points et pour des causes qu'il n'est pas difficile de
deviner, chez un israélite, le libéralisme de ses
idées était irréductible.

Victor Cousin prenait alors le gouvernement de
la philosophie. Par son initiative et ses soins, par
son tempérament organisateur et despotique, il
transformait ce qui ne devrait être qu'un champ
d'études, de recherches et d'hypothèses en un enseignement formel et officiel. A la place du Cousin
plus ou moins poitrinaire, plus ou moins nuageux,
ami de Santa Rosa et admirateur d'Hégel, on voyait
se prononcer, s'affirmer un directeur des consciences, des esprit et des vocations. « Vous, disait-il
à notre excellent maître Auguste Debs, vous serez
orientaliste. » Et comme Debs préféra rester un
fin psychologue, sa carrière fut entravée, son avan-
cement perdu.

Dans ces conditions, ce fut un bonheur pour le
jeune Franck de ne point passer par l'Ecole nor-
male. Il arriva, grâce au concours d'agrégation, et
Cousin, qui tyrannisait parfois le mérite, mais le
méconnaissait rarement, lui fit bon accueil Ce des-
pote était un merveilleux esprit : il était plus aisé
de ne pas l'aimer que de ne pas l'admirer. Ses entretiens étaient restés vivants dans la mémoire de
M. Franck. Que de fois il m'en a redit des parties
avec sa bonhomie avisée et un peu narquoise.
« Vous êtes israélite, faisait remarquer le maître au
nouvel agrégé, cela vous crée dans l'enseignement
de la philosophie, surveillé si étroitement par le
clergé, une situation particulièrement difficile. Vous

rencontrerez sur votre route un grand monsieur
très encombrant, c'est le Christianisme. Ne man-
quez jamais de lui tirer profondément votre cha-
peau. » Il ne se contenta point de ces bons conseils, et quand une maladie du larynx contraignit
M. Franck d'aller passer quelque temps en Italie,
Cousin, chose admirable, lui laissa entendre qu'il
viendrait volontiers à son aide.

Cette affection du larynx, Adolphe Franck ne s'en
guérit jamais complètement. Cela ne l'empêcha pas
d'occuper pendant de longues années la chaire de
droit des gens au Collège de France. Il ne la quitta
qu'aux approches de l'extrême vieillesse. Son cours
était très suivi, non seulement pour la valeur même
de l'enseignement, mais aussi pour la vivacité de
sa parole, qui très aisément se passionnait. Il pous-
sait des pointes à droite, à gauche, attaquant un jour
Proudhon, le lendemain Goncourt, sans trop se
soucier des ripostes que ne lui ménageraient pas
ses adversaires. Tous les ans, aux Amis de la Paix,
il nous faisait un discours, rempli certainement des
meilleures intentions, mais d'un ton si vif, si agres-
sif contre les partisans de la guerre, que plus d'un
assistant nous disait avec un demi-sourire : « Vous
avez un président bien belliqueux ». Même à l'Institut, il ne conservait pas toujours le calme acadé-
mique. A l'une des petites séances des sciences morales, je l'ai entendu, au sujet de je ne sais quelle
observation présentée par M. Guizot, répondre à
celui-ci : « S'il en était ainsi, monsieur, le Conseil
supérieur de l'instruction publique n'aurait plus
qu'à s'intituler le Conseil de l'ignorance publique ».

Adolphe Franck était un travailleur infatigable.

Ses articles des *Débats*, du *Journal des Savants* ont été recueillis en plusieurs volumes et forment des monographies très intéressantes, très complètes. Le *Dictionnaire des sciences philosophiques*, qu'il ne cessa de revoir, d'améliorer, de tenir au courant des travaux contemporains, rend encore aujourd'hui les meilleurs services aux esprits studieux : mais son œuvre maîtresse, c'est la *Kabbale ou la philosophie religieuse des Hébreux*, « un chef-d'œuvre de critique », a écrit Michelet dans son *Histoire de France*. En effet, servi par ses origines, par un mystérieux instinct de race qui s'ajoutait à sa science, M. Franck était un grand hébraïsant. Cela lui a permis d'interroger les sources lointaines, de débrouiller les obscurités, de vérifier les traditions.

Parmi ces traditions, il en est peu qui soient plus curieuses à connaître, plus importantes à déterminer que cet ensemble de doctrines désigné sous le nom de *Kabbale*. Le *Zohar* est, on n'en saurait plus douter maintenant, l'un des plus antiques monuments de la philosophie hébraïque, moins fabuleux que la *Bible*, moins confus que le *Thalmud*, et découlant, comme l'a si bien prouvé l'auteur de la *Kabbale*, des enseignements de Zoroastre, de la lumineuse et véritable sagesse persane. Cette démonstration, qui éclaircit l'un des plus énigmatiques chapitres de l'histoire religieuse, est pour la science française un véritable titre d'honneur.

On voudra bien me croire si j'ajoute que ce travailleur infatigable, ce grave philosophe, ce linguiste érudit, aimait beaucoup le monde. Il y portait une bonne grâce souriante, s'occupant de tout, s'intéressant à tout, goûtant la plaisanterie délicate,

sachant rire et de très bon cœur. Il trouvait chez
ses amis et chez ses filles, personnes d'un mérite
très distingué, une société d'élite où les sujets d'en-
tretien ne manquaient pas, où l'on se plaisait à
l'écouter et à profiter de sa parole. Quelquefois il
se retirait assez tard ; et comme je m'étonnais qu'il
pût mener de front cette vie de travail et cette demi-
existence mondaine, il me fit observer qu'en mesu-
rant la distraction comme on règle l'activité, on
arrive à créer au dedans de soi une économie résis-
tante. C'était mettre sa philosophie en action, et il
s'en est bien trouvé.

Jules LEVALLOIS.

JOURNAL " LA LIBERTÉ "

Du 27 Avril 1893.

Le vénérable savant qui vient de s'éteindre après
une existence toute de patient labeur, de lutte per-
sistante pour le triomphe du bien, laisse après
lui une œuvre considérable. Son *Dictionnaire des
sciences philosophiques* représente à lui seul une
somme énorme de travail acharné. Cette vaste ency-
clopédie, entreprise avec le concours d'illustres collaborateurs ne sera certes point son moindre titre à
la reconnaissance du monde lettré. Mais entre tous
les écrits d'Adolphe Franck : études de droit na-
turel, de morale ou d'histoire philosophique et re-

ligieuse, il en est un qui, plus que tout autre, excita, lors de son apparition, une vive curiosité. Nous voulons parler de son livre sur la Kabbale. L'on peut affirmer que ce fut surtout l'ouvrage magistral du savant sur la philosophie religieuse des Hébreux, qui rendit son nom familier aux plus récentes générations de lettrés et de curieux, ainsi qu'à tous ceux qui, lassés des brutales spéculations du positivisme despotique dont l'influence s'est de nos jours étendue au domaine entier de l'Art et de la Pensée, demandent à la science un enseignement moins desséchant et frappent, pour l'obtenir, aux portes de tous les sanctuaires.

Il y avait, d'ailleurs, chez Adolphe Franck, une tendance marquée et comme une prédilection à s'occuper des œuvres du mysticisme. Et, dans cette tendance, il est malaisé de ne pas distinguer, au fond, une secrète sympathie. Disciple de Cousin, son spiritualisme éclectique l'entraînait de préférence vers ces régions extrêmes de la pensée qui sont aux confins de l'esprit religieux et de l'esprit philosophique, et leur point de fusion dans une identique aspiration vers l'inconnaissable. Le mysticisme a été étudié par Adolphe Franck d'une façon tout à fait supérieure, non seulement dans le livre dont nous parlons et dans celui sur saint Martin et Alonzo Martinez, mais aussi et d'une manière très approfondie dans certains fragments qu'il a publiés à des dates différentes, par exemple dans son travail sur la religion des Babys de Perse et dans les chapitres qu'il a consacrés à l'histoire du mysticisme en Grèce et à celle de l'alchimie.

Il y avait donc, derrière l'érudit et le philosophe,

un théosophe inconscient, chez l'auteur du livre sur la Kabbale. On n'en saurait guère douter après avoir lu la préface de la nouvelle édition de ce volume. A voir l'empressement que mit Adolphe Franck à signaler la renaissance du spiritualisme extrême qui, sous le nom d'occultisme et de théosophie a poussé parmi nous d'aussi étranges floraisons, on ne peut guère se méprendre sur le motif qui le porta à republier un ouvrage depuis longtemps épuisé. Selon lui, toutes les armes étaient bonnes contre le matérialisme envahissant, et que la réaction revêtît ou non la forme inattendue d'une adhésion aux plus vénérables et antiques religions, il affectait de ne saluer avec joie en elle que la salutaire revanche des droits imprescriptibles de l'âme sur le fatalisme triomphant de la matière. Mais sa pensée inavouée, allait plus loin. Quoiqu'il traite avec une rigueur toute scientifique les sujets spéciaux de l'esprit mystique et qu'il en éclaire selon une méthode irréprochable les obscurités, on sent néanmoins, à certaines échappées, que le penchant qui l'entraînait sur ce terrain, prenait sa source dans un sentiment de lointaine approbation et d'adhésion inavouée. Soit qu'Adolphe Franck écrive la préface de la Kabbale, soit qu'il rédige l'avant-propos du Traité de sciences occultes de M. Papus, on sent qu'il encourage les tendances des modernes adeptes de l'ésotérisme et qu'il est bien près de se compter parmi les leurs.

Qu'est-ce donc que cette mystérieuse Kabbale dont Adolphe Franck s'est fait, parmi nous, le vulgarisateur ? En quoi consiste cette doctrine dont il a prouvé la haute antiquité, contrairement à l'opi-

nion d'un certain nombre de savants qui préten-
dent en retrouver l'auteur dans un obscur rabbin
du XIIIe siècle ? Nous allons tenter de donner un bref
aperçu des deux livres qui composent la Kabbale
autour desquels se sont groupés, innombrables, les
écrits des kabbalistes, dont l'ensemble forme toute
une littérature théologico-philosophique.

Le *Livre de la Création*, le premier des deux
vénérables fragments dont nous parlons, s'il n'est
ni aussi profond ni aussi développé que le second,
le *Livre de la Lumière,* renferme, du moins, une
originale tentative philosophique; au contraire des
livres sacrés qui parlent de l'idée de Dieu pour
aboutir à une explication du monde, c'est par la
contemplation du monde que le kabbaliste conçoit
l'idée de Dieu. Il y a là un effort de raison bien remarquable pour s'élever au-dessus du dogme tradi-
tionnel de la Création tel que le présente la Bible.
Mais cet effort ne se soutient pas. Le système des
nombres et des lettres pris comme symboles des plus
profonds mystères de la science sacrée vient se
mêler de la façon la plus étrange à cet essai de ratio-
nalisme. Les vingt-deux lettres de l'alphabet hébreu
et les dix premiers nombres deviennent les signes
mystiques qui, sous le nom des *Trente-deux voies
merveilleuses de la Sagesse,* donnent la clef de tous
les principes, de toutes les causes. Et c'est ici que
l'esprit mystique reprend ses droits. Ce qui res-
sort de plus clair de ce symbolisme, c'est la doctrine de l'émanation, ou si l'on veut, de la partici-
pation plus ou moins grande des êtres à la nature
divine, selon qu'ils s'en éloignent ou s'en rapprochent
davantage, et aussi la théorie du Verbe, c'est-à-dire,

selon Adolphe Franck, « de la parole de Dieu iden-
tifiée avec son esprit et considérée, non pas seulement comme la forme absolue, mais comme l'élé-
ment générateur et la substance même de l'uni-
vers ».

Le *Livre de la Création* peut être considéré
comme tenant les prémisses du *Livre de la Lumière*
ou *Zohar*. C'est dans ce dernier que les idées des
kabbalistes sur Dieu, sur le monde et sur l'âme,
atteignent leur plus profonde signification. Le symbolisme des nombres et des lettres est ici délaissé
et fait place au fonctionnement des formes inté-
rieures de la pensée. Le Verbe divin ne s'y manifeste plus dans la nature, mais dans l'homme. Il
devient, ce verbe, l'*Homme céleste*, l'*Adam Kud-
mon*. C'est du sens intérieur de la loi que les kabbalistes tirent toutes les opinions qu'ils professent
sur la création et sur le créateur, car chaque parole
de la loi contient un sens profond et sublime, et les
paroles de la loi ne sont que le vêtement de la loi :
« Malheur à celui qui prend ce vêtement pour la loi
elle-même ! »

« Dieu, dit le *Livre de la Lumière*, est l'ancien
des anciens, le mystère des mystères, l'inconnu des
inconnus. » Sous le nom de la *Tête blanche*, ou
encore du *Long visage*, les kabbalistes le représen-
tent comme le Créateur infatigable d'où procèdent
toutes choses. Il s'est choisi la forme humaine, la
plus parfaite de toutes ; mais le *Zohar*, en un anthro-
pomorphisme colossal, a soin de donner au corps
divin des proportions incommensurables, pour faire
mieux comprendre combien l'immensité de l'Ancien
des Anciens est inconcevable aux sens. Il est au-

dessus de toutes les créatures et de tous les attri-
buts, bien qu'il les renferme tous. Il s'en sépare,
bien qu'il n'en soit pas séparé. Il se manifeste par la
Couronne, le principe des principes, la sagesse mystérieuse, le diadème des diadèmes. Il est à la fois la
connaissance, et ce qui connaît et ce qui est connu.
Il est la miséricorde, la justice, la beauté, le triomphe, la gloire, la royauté et le fondement ou la
base. La Kabbale ne croit ni à l'anéantissement ni
à la création au sens vulgaire du mot. Toutes choses
dont le monde est composé, l'esprit et le corps,
rentreront dans le principe d'où elles sont sorties.
L'esprit du mal lui même retrouvera sa nature
d'ange.

Mais c'est surtout dans ses opinions sur l'âme
humaine que la Kabbale manifeste les idées les plus
intéressantes. L'homme n'est que la présence de
Dieu sur la terre. L'âme est triple et se compose
d'un *esprit*, son degré le plus élevé, de l'âme proprement dite, siège des bons et des mauvais pen-
chants, et d'un esprit inférieur qui la relie au corps.
Elle existait au ciel avant de s'incarner sur la terre
sous une forme visible. La Kabbale croit à la préexis-
tence. L'âme est ici-bas pour subir une épreuve dont
la fin sera marquée par son retour dans le sein de
Dieu. Elle erre d'existence en existence jusqu'à ce
qu'elle ait retrouvé sa pureté primitive. Aussi le
kabbaliste appelle-t-il la mort du juste : « un baiser
de Dieu. » Et comment pourrions-nous mieux ter-
miner ce rapide exposé du contenu de la Kabbale,
si lumineusement résumé par Adolphe Franck, que
par la citation de ce passage significatif du *Zohar* ?
« Toutes les âmes sont soumises aux épreuves de

la transmigration et les hommes ne savent pas quelles sont à leur égard les voies du Très-Haut; ils ne savent pas comment ils sont jugés dans tous les temps, et, avant de venir dans ce monde et lorsqu'ils l'ont quitté, ils ignorent combien de trans- formations et d'épreuves mystérieuses ils sont obli- gés de traverser; combien d'âmes et d'esprits vien- nent en ce monde qui ne retourneront pas dans le palais du roi céleste... »

P. D.

JOURNAL " LE MATIN "

Du 13 Avvil 1893.

Avec M Adolphe Franck qui vient de s'éteindre à un âge très avancé, disparaît une des figures les plus sympathiques du monde universitaire. Dès 1830, le défunt philosophe fut pourvu d'une chaire dans un lycée de province et, depuis, pendant soixante ans, il se voua tout entier à l'enseignement des sciences philosophiques. A Charlemagne d'a- bord, à la Sorbonne ensuite, enfin au Collège de France, son renom ne fit que grandir et son cours attira toujours les avides de savoir et d'éloquence.

Adolphe Franck était un savant doublé d'un char- meur; ce fut dans toute l'acception du terme un philosophe aimable. A Douai, il se trouva, jeune alors, en présence d'un auditoire mal disposé. Il sut, grâce à son tact, grâce à ses idées larges et développées avec modération, conquérir toutes les sympathies.

Un jour, Mgr Donnet, alors coadjuteur de Nancy, étant en tournée pastorale, demanda à l'aumônier du collège de Douai s'il était satisfait de ses paroissiens. L'aumônier répondit : — « Le meilleur chrétien, je dois l'avouer, est un israélite, c'est notre professeur de philosophie. » C'est que M. Franck, de confession mosaïque et qui, dans sa première jeunesse, se destinait au · rabbinat, montrait une vive admiration pour la doctrine évangélique et conquit les témoignages de sympathie du clergé français. Il était, par contre, en désaccord sur son admiration pour le Christ avec son collègue Renan, dont il aimait à vanter l'érudition et le charme tout particulier.

Parmi les ouvrages de longue haleine et de profonde méditation il faut citer son livre : la *Kabbale*, qui attira surtout l'attention du monde savant et jeta un grand lustre sur son nom.

Adolphe Franck le composa sur les exhortations de Victor Cousin, dont il fut le secrétaire lors de ses débuts. L'œuvre conduisit son auteur à l'Institut. « Ce n'est pas par l'intrigue, mais par la *Kabbale* que vous entrez chez nous! » dit malicieusement Barthélemy Saint-Hilaire au récipiendaire.

Partout, presque jusqu'aux derniers jours de sa vie, Adolphe Franck déploya ses qualités de savant admirablement doué de tous les dons de l'esprit et du cœur ; partout, à l'Institut, à la Bibliothèque

nationale, au Collège de France, dans la presse, son
assiduité au travail était légendaire.

Journal " LE MÉMORIAL DIPLOMATIQUE "

Du 15 Avril 1893.

C'est avec une douloureuse émotion que nous en-
registrons la mort d'Adolphe Franck, décédé mardi
dernier à l'âge de 83 ans. Toute la presse a déjà dit
quelle perte les lettres et la philosophie françaises
viennent de faire en le perdant.

On sait qu'Adolphe Franck fut l'un des représen-
tants les plus brillants de l'école éclectique et l'élève
préféré de Victor Cousin. Ses contemporains rap-
pelaient avec admiration les éclatants débuts de
M. Franck, ses succès au concours de l'agrégation
et dans l'enseignement de la philosophie, qui le ré-
vélaient un maître à un âge où tant d'autres ne rou-
giraient pas de s'intituler disciples.

Nommé membre de l'Institut, à trente-cinq ans,
en 1845, il devient le fondateur et l'âme du *Dictionnaire philosophique*, sans cesser de collaborer
dans toutes les publications importantes, au *Journal
des Débats*, etc., etc., et tout en publiant des volumes nombreux et considérables qui valaient à leur
auteur une illustration européenne.

M. Franck n'a pas borné ses études et ses travaux aux questions philosophiques. Il a aussi

approfondi les problèmes les plus complexes de la
morale et du droit public, et a produit dans cette
branche les plus remarquables ouvrages : la *Philosophie du droit civil ;* la *Philosophie du droit pénal ;*
Réformateurs et publicistes. C'est surtout par ses
cours au Collège de France sur le *Droit des gens*
qu'il nous appartient spécialement, et c'est à ce titre
que le *Mémorial diplomatique* le salue de ses regrets.

Mais, si pleine de talent et d'érudition qu'on la
juge, l'œuvre du philosophe et de l'écrivain est certainement égalée, sinon dépassée par la personnalité de l'homme.

Toute de labeur ininterrompu et d'inlassable dé-
sintéressement, l'existence d'Adolphe Franck s'est
partagée entre les spéculations métaphysiques les
plus élevées et l'accomplissement des obligations
quotidiennes le plus strict. Il ne descendait des sphè-
res idéales que pour s'acquitter consciencieusement
des devoirs grands et petits qui incombent à tous
les hommes. Aucune inconséquence dans cette vie
pure et sereine, aucun démenti dans cette longue
carrière si noblement remplie. Fidèle à ses amis
comme à ses croyances religieuses, morales et politiques, ses amitiés même les plus illustres n'eurent
le pouvoir d'ébranler le moindrement ses convictions. Il fut et demeura toujours un libéral et un
rationaliste, épris de vérité jusqu'à la passion, mais
non jusqu'à l'intolérance.

Il ne cessa de pratiquer les vertus qu'il aimait à
prêcher, et l'éloquence chaleureuse, la jeunesse de
cœur qui animait ses discours émerveillait ses audi-
teurs, n'était que le pâle reflet de ses actes et le com-

mentaire affaibli de sa conduite publique et privée.

Ce n'étaient pas seulement sa parole vibrante et son doigt prophétique qui montraient le bien comme le seul idéal à poursuivre, c'était son être tout entier qui y tendait de toutes ses forces, éperdûment.

Il était un exemple autant qu'une voix, il fut un saint non moins qu'un sage. Aujourd'hui, la voix s'est éteinte, mais l'exemple reste; le sage nous est enlevé mais le saint vivra dans la mémoire de tous ceux qui l'ont connu, aimé; non, ceux-là ne sauraient oublier la puissante leçon morale qui se dégage de cet admirable vieillard, à l'intelligence vaste et haute d'un digne fils de Platon, à la nature énergique et vaillante d'un héros, à l'âme douce et candide comme celle d'un enfant.

Alfred BERL.

JOURNAL " LE RAPIDE "

Du 1ᵉʳ Mai 1893.

Le jour même où nous recevions le livre de M. A. Franck, intitulé *Réformateurs et Publicistes de l'Europe au XVIIIᵉ siècle*, les journaux annonçaient la mort de cet homme de bien. D'autres ont dit, avec une autorité qui ne nous appartient pas, de quelle valeur intellectuelle la France s'est trouvée appauvrie. Mais Ad. Franck n'est pas mort tout entier : il nous laisse ses œuvres qui vivront. Par

là sera justifiée visiblement sa foi dans l'immortalité; son âme subsiste par le livre se continuant
religieuse et dévouée. Ad. Franck n'a jamais cessé
de croire que notre raison et la liberté sont des
émanations directes de la raison et de la liberté
divines.

C'est pourquoi il blâmait les philosophes du xviiie
siècle de n'avoir aimé l'humanité que d'un amour
purement terrestre ; il opposait la philanthropie qui
ne s'occupe que des infortunes tangibles, à la charité qui, au-delà du corps, va chercher l'âme. Néanmoins il n'était pas injuste. Il reconnaissait que
des penseurs comme Vico et Montesquieu, Locke
et Rousseau, bien que d'écoles différentes, ont contribué à l'affranchissement de la raison humaine
dans les questions de législation et de jurisprudence.
Son dernier livre analyse leurs doctrines et déli-
mite l'étendue de leur action, avec précision et
clarté ; il reconnaît la bonne volonté de ces réformateurs et les résultats qu'ils ont obtenus.

Ce savant, animé constamment par des idées
spiritualistes était un indulgent, un humanitaire
ainsi qu'on le disait autrefois : il jugeait les hommes
au point de vue de leur utilité : il n'aimait que les
bienfaiteurs, dédaignant quiconque était suspect de
dilettantisme.

JOURNAL " L'ETOILE "

Malgré le temps et l'incessant effort d'une longue
vie toute de travail, si ferme, limpide, immortelle

dans sa raison, jeune dans sa foi spiritualiste, s'était maintenue la pensée d'Adolphe Franck, que sa mort mêle à notre tristesse un étonnement douloureux et que nous avons peine à unir l'idée de sépulcre et cette vivante lumière qui rayonnait hier sur nous.

Mais les convictions de notre maître, voilé maintenant, non disparu, justifient notre surprise douloureuse.

Elles nous rappellent que rien de la mort ne se peut unir à la raison, à la foi, à la lumière, à l'âme.

Cette vivace pensée qui éloignait pour nous l'idée du sépulcre lui est étrangère, en effet, et elle n'a pas été atteinte par la respectueuse agonie. Pour un juste et un sage tel que Franck, qui non seulement attendait l'immortalité, mais qui, dès cette vie, se pénétrait de vérités éternelles, la mort est une double victoire : au philosophe qui a cru en la réalité de l'âme, elle apporte la grave et rayonnante preuve, à l'homme qui a vécu pour le devoir, l'esprit et la vérité elle donne ce Dieu qui est esprit, vérité et triomphante justice.

Franck repose maintenant en Celui qu'il a glorieusement servi, auquel il a dévoué avec un merveilleux courage toutes ses dernières forces, puisque la lutte contre l'athéisme fut son apostolat suprême.

Dans ses magnifiques strophes, orageuses et divinatrices des *Contemplations,* Victor Hugo parle de ceux qui

Au milieu d'une phrase adressée à la foule
Sont entrés dans la mort,

et qui, stupéfaits, ont vu

Que le mot qu'ils avaient commencé devant l'homme
S'achevait devant Dieu.

Mais quelle sublime récompense que cette terrible interruption quand la parole ainsi arrêtée est une parole qui glorifie Dieu ! C'est ce qui est arrivé à Franck, moralement du moins : car, s'il n'est pas tombé en fait au milieu même d'un discours, il n'a été arrêté que par la mort dans son apostolat théiste ; sa dernière œuvre fut une proclamation de la vérité divine et il est allé devant Dieu ayant encore aux lèvres le tremblement où avait passé la gloire de Dieu...

Franck était cher à la jeunesse ésotériste et mystique.

Non qu'il fut mystique lui-même, mais son spiritualisme de ferme raison avait de larges sympathies. Partout où il voyait Dieu et l'âme, il épanchait son âme, toute vivace de Dieu.

D'ailleurs plusieurs de ses plus beaux travaux s'étaient consacrés au mysticisme bien avant sa renaissance contemporaine.

La pensée de Franck avait traversé le règne entier des positivistes qui jamais ne la purent entamer ni troubler.

Persévérant sans effort puisqu'il l'était par conviction, il eut la joie de survivre à la victoire de ses adversaires et de la voir retomber en défaite devant l'impérissable Esprit.

Il encouragea, il accueillit généreusement cette jeunesse qui, par des élans hardis, mais vivants, remontait à l'invisible idéal.

Les nouveaux défenseurs de la doctrine ésoté-
rique devront tous garder à sa mémoire une vénération, une chère et pieuse reconnaissance.

L'*Etoile*, en particulier, qu'il voulut bien honorer
de sa collaboration, lui conservera un souvenir
aimant et respectueux, un culte moral comme à un
de ces justes dont le Zohar nous montre les âmes
perpétuellement actives dans les progrès de la Terre.

Et je me rappellerai moi-même, avec une méditation émue, ces trop rares conversations de Paris,
de Saint-Gratien, où j'écoutais cette pensée demeu-
rée si fraîche dans sa force, si limpidement éprise
de vérité et de divin, pendant que je regardais le
symbole de cette pensée en un front resté si ferme
et si clair... Et lorsque je m'en retournais, dans le
gris lassé des rues, ou dans les grises et légères
vapeurs flottantes sur les arbres et les étangs, je
gardais, à travers ces troubles de la cité ou de la
nature, l'impression d'une fixe étincelle de raison,
consciente de son immortalité...

L'œuvre de Franck est fort étendue.

Nous ne pouvons que citer :

1º *L'esquisse d'une histoire de la logique;*

2º *L'Histoire de la Philosophie mystique en
France à la fin du XVIII*ᵉ *siècle* (1866);

3º *La Morale pour tous* (1868);

4º *Les Philosophes modernes étrangers et français* (1879);

5º *Les Essais de Critique philosophique* (1885);

6º *Le Dictionnaire philosophique* (6 vol. in-8º),
écrit en collaboration ;

7º *La Philosophie du droit pénal ;*

8º *La Philosophie du droit ecclésiastique ;*

9° *La Philosophie du droit civil.*

Pour nous, mystiques, Franck restera surtout l'auteur de la *Kabbale.*

Nous avons publié dans un des premiers numéros de l'*Etoile* une étude sur cette œuvre si sérieuse, si lucide dans l'exposé de l'essentiel.

Par son indépendance même à l'égard du mysticisme proprement dit, par sa clairvoyance sur l'originalité et l'antiquité des Traditions kabbalistiques, sur le véritable rôle des Séphiroth, sur la théologie, la cosmogonie et la psychologie Soharites, le livre de Franck restera toujours un des plus utiles à l'étude de l'Esotérisme, et une belle œuvre de science philosophique et de spiritualité.

Celui qui nous la laisse nous a quittés maintenant, mais il peut dire, avec Simon ben Jochaï, que sa part est heureuse dans l'autre monde.

Il possède l'Eternel qu'il avait aimé, le Dieu de sa noble vie et de sa haute foi.

Albert JHOUNEY.

JOURNAL " LE GRENOBLOIS "

Du 26 Avril 1893.

... M. Ad. Franck, ce Juif, auteur célèbre du *Dictionnaire des sciences philosophiques,* où nos croyances sont maltraitées avec une rudesse de phi-

losophe jaloux, ce membre de l'Institut qui longtemps mena la guerre contre l'Eglise avec Jules
Simon, m'a donné l'une des plus fortes impressions
religieuses qu'un chrétien puisse éprouver.

C'était en 1879. Léon XIII venait de publier son
encyclique *Œterni·Paris*, si belle par ses hautes
idées philosophiques, si audacieuse par les voies
qu'elle ouvrait aux conquêtes de l'enseignement supérieur. M. A. Franck m'avait fait l'honneur de collaborer aux *Annales de philosophie chrétienne*. C'é-
tait un grand nom, et l'adhésion d'un esprit pareil à
mon œuvre d'apologétique chrétienne était pour ma
direction une force et un orgueil. Or, j'allai le trouver
une après-midi, pour lui demander une étude sur
un sujet assez grave. De ce sujet, la conversation
s'éleva vite à des sujets plus généraux et aux questions générales.

Qui a connu M. Ad. Franck se souvient qu'il
portait de longs cheveux tombant en boucles sur
sa nuque. Ses yeux inquiets brillaient derrière le
verre épais de grosses lunettes et regardaient d'une
façon singulière. On aurait dit de M. Ad. Franck
qu'il flairait ses interlocuteurs. Quand son visage
s'agitait, une sorte d'illumination le transformait.
J'eus, cette après-midi-là, le spectacle imposant de
cette illumination. Le professeur juif s'en vint à me
parler de ce qu'il aimait dans le catholicisme et de
ce qu'il y détestait. La philosophie catholique faisait
son admiration. Il ne trouvait rien de comparable
dans les sciences de tous les temps, à la beauté et à
l'éclat des idées renfermées dans le premier Evangile de l'apôtre Saint-Jean. *In principio erat verbum.*
Et, se laissant aller à sa vive admiration, il me fit

de cette page de notre Evangile le commentaire le plus enflammé et le plus éloquent qu'on puisse entendre. Une à une, les paroles de l'évangéliste firent jaillir de ses lèvres des accents d'une éloquence souveraine. En toute vérité, j'étais environné d'éclairs. Nous étions seuls. Je n'ai jamais entendu aucun autre homme parler ainsi. Je pense encore aujourd'hui, que le grand spectacle « du Verbe éternel, Dieu, comme le Père, communiquant sa vie non par la chair, mais par l'esprit, et se faisant homme » n'a jamais été montré avec une aussi étonnante magnificence de langage. Pour M. A. Franck, ce qu'il me disait en accents lyriques, c'était un hymne à la philosophie chrétienne. Pour moi, cet éloge tout rationnaliste me parut un chant merveilleux à la gloire de mon Dieu !

La conversation tomba vite sur Léon XIII. L'Encyclique du pape l'avait transporté. Il me dit en propres termes ceci : « Enfin l'Eglise va échapper aux petites dévotions. Personne n'en est plus fier que moi. Je voulais exprimer ma joie dans le *Journal des Débats* et j'ai demandé de me laisser faire un article sur l'étude de Saint-Thomas. Malheureusement, je suis arrivé trop tard. Un de mes confrères de l'Institut avait retenu la faveur. Mais je désire que le Pape sache qu'il n'a pas d'admirateur plus passionné que moi, de l'acte vigoureux par lequel il a ramené les esprits à l'étude de Saint-Thomas. Il ouvre une ère nouvelle aux intelligences et à l'Eglise. »

J'ai transmis l'hommage d'admiration et de respect de ce Juif. Depuis j'ai revu quelquefois M. Ad. Franck. Je l'ai vu plus souvent encore dans mes

souvenirs, au milieu des incidents de la lutte anti-
sémitique de nos jours. Tout avait fui de l'heure
lumineuse où il me commentait l'Evangile de Saint-
Jean ! Sa mort vient de le faire réapparaître à ma
mémoire. Que n'ai-je fixé ses paroles ! Mais im-
mobilise-t-on le feu, fige-t-on la lumière...

Xavier Roux.

JOURNAL " L'ÉCHO DUNOIS "

Du 20 Avril 1893.

M. Adolphe Franck, membre de l'Institut, commandeur de la Légion d'honneur, ancien professeur au collège de France, est mort jeudi dernier à
l'âge de 83 ans.

C'était un philosophe distingué qui appartenait à
la vieille école éclectique et dont les doctrines, sans
avoir d'originalité propre, présentent des tendances
libérales très prononcées.

L'*Estafette* lui consacre les lignes suivantes :

« Si, pour juger sainement des gens, il convient
de les apprécier sur ce qu'ils ont aimé, sur ce qu'ils
ont voulu réaliser plutôt que sur la pauvre médio-
crité des choses faites, on peut dire de M. Adolphe
Franck, de l'Institut, qui vient de mourir, qu'il fut
un philosophe dans la plus grande acception de
ce mot.

« Un philosophe qui tenait de son origine la croyance au Dieu unique d'Israël, et de son époque le sentiment d'une fraternité touchante envers les disciples des autres cultes.

« Comment donc la doctrine positiviste d'Auguste Comte pas plus que la doctrine de l'évolution darwinienne n'exercèrent-elles aucune influence sur l'esprit élevé de M. Franck, et comment cet agrégé de philosophie de 1831 resta-t-il pendant toute sa carrière scientifique, fidèle aux rêveries spiritualistes qu'il avait apprises de l'éloquente parole de Cousin.

« C'est qu'Adolphe Franck ne pouvait pas expliquer sans Dieu l'ordre général du monde, c'est qu'il ne pouvait pas concevoir une organisation sociale où l'idée de Dieu n'existerait pas dans toutes les âmes et dans toutes les consciences, seule propre à servir de ciment entre les individus et entre les groupes particuliers dont une nation se compose.

« Son esprit s'était fixé, en présence de cette double hypothèse dont l'un des termes s'impose inéluctable à toute intelligence : l'homme est-il un bimane de l'ordre des primates, un caporal d'avenir dans l'armée des singes, ou bien, au contraire, l'homme a-t-il le droit de croire en Dieu, en l'*au-delà*, à un Être rémunérateur, à une âme responsable ?

« Et peut-être qu'une des causes déterminantes de ses tendances spiritualistes fut le spectacle de ces désordres moraux qui semblèrent provoquer les hommes les plus distingués qui, entraînés par la loi sévère de la recherche scientifique, en vinrent à remettre tout en question et transformèrent en matière de contradiction et d'incertitude la morale, la politique, la philosophie, la législation, l'art, la littérature, tous les éléments de l'activité humaine.

« N'y a-t-il pas, en effet, dans notre existence des minutes où le plus humble se sent supérieur à lui-même, où il est épris de sacrifice, de gloire, de liberté, où un élan, un enthousiasme, sans raison humaine, le portent à des actes de générosité qui d'aventure lui coûteront la vie.

« Où découvrir le mobile d'une semblable abnégation ? Pour la raison positiviste, il est dans les nécessités de l'ordre social dont l'harmonie supérieure ne se maintient que par le concours des volontés individuelles à l'intérêt particulier et au bien de tous. Mais ce n'est là qu'une raison humaine. Adolphe Franck ne consentait à voir le mobile de l'abnégation que dans le spiritualisme qui fait de l'homme une créature où s'allume une étincelle de l'âme divine. Hypothèse de poète qui explique tout et n'explique rien.

« Arrivé à cet âge où l'homme est pris comme du désir de synthétiser l'œuvre entière de sa vie et de meubler sa tête des pensées qui devront l'occuper pendant cette existence éternelle d'outre-tombe que lui font entrevoir les complaisances d'une hypothèse douce à sa faiblesse, Adolphe Franck se mit en tête de partir en guerre contre la science rationaliste. Il créa la *Ligue contre l'athéisme*, en novembre 1886.

« Voici le passage capital de son manifeste du spiritualisme le plus débordant.

« Sans l'idée de Dieu, nous ne pouvons croire ni
« à la vérité, ni à la justice, ni au devoir, ni au
« droit, ni à la beauté dans les œuvres de la nature
« et de l'art ; car toutes ces choses cessent d'exister

« ou ne sont que de vains noms si elles peuvent
« changer suivant les temps, suivant les lieux, sui-
« vant les fantaisies des hommes. Il faut en dire
« autant de la liberté. Il n'y a de liberté en nous
« que s'il y a au-dessus de nous une Puissance
« absolument maîtresse d'elle-même dont la raison
« et l'amour sont les seules lois. »

« Cette ligue groupa sous la présidence d'honneur
de M. Jules Simon et la présidence effective de
M. Franck, un certain nombre d'hommes de grand
mérite : MM. Ch. Waddington, de Rosny, Barthélemy Saint-Hilaire, de Marcère, de Broglie, Duruy,
Rousse, Roussel, Siegfried, Zadoc Kahn, catholi-
liques, protestants, juifs et même boudhistes. C'est
sans doute la seule entreprise qui ait été faite de
rapprocher dans un vaste esprit de solidarité théis-
que et mystique des hommes d'opinions si diverses
et souvent ennemies, sinon dans le présent, du
moins dans le passé, et de les grouper en vue d'une
action commune, d'une œuvre commune, de pro-
sélytisme pour un Dieu vague et mal défini, qui ne
peut être le Dieu d'aucune des religions professées
par les membres de la Ligue.

« Consolider les croyances sans distinction de foi
ou de secte, uniquement parce que la ligue tient
que la foi en Dieu élève l'homme au-dessus des
préoccupations égoïstes, et que, de surcroît, cette foi
en Dieu fortifie l'ordre social, telle paraît avoir été
la suprême préoccupation de M. Franck.

« Nous n'en étions pas, et n'y entendons pas grand'
chose. Cette métaphysique, à notre sens, risque fort
d'égarer l'homme dans la confusion, dont à peine il
sort des hypothèses qui ne se démontrent pas, et

des illusions qui enchaînent l'humanité à sa misère et l'arrêtent trop longtemps dans l'effort honnête et sûr du progrès social. Du moins, savons-nous que la pensée d'Adolphe Franck fut tout entière pour le bien.

« Il ne se défendait point d'aspirer à l'infini. Il avait le goût de lever les yeux vers les immensités du ciel, moins pour y chercher l'harmonie de notre monde terrestre, qui importe si fort à l'homme, que pour y découvrir on ne sait quelles régions inaperçues où vivre, après la mort, dans la silencieuse contemplation de l'éternité. »

Paris. — Imprimerie J. Montorier.

www.ingramcontent.com/pod-product-compliance
Lightning Source LLC
LaVergne TN
LVHW022031080426
835513LV00009B/969